Fachwissenschaftliche Analyse: Die 20er Jahre in Weimar

„It was the best of times, it was the worst of times, it was the age of wisdom, it was the age of foolishness […]." Was Charles Dickens lange Zeit zuvor in seinem Roman „A tale of two cities" schrieb, gilt auch für die 20er Jahre des 20. Jahrhunderts: Sie waren geprägt von Gegensätzen.

Auf der einen Seite waren es Jahre bitterster wirtschaftlicher Not, der Inflation, des passiven Widerstandes sowie politischer Morde von links und rechts. Auf der anderen Seite war es die Zeit eines herausragenden kulturellen Schaffens, das dieses Jahrzehnt ebenso prägte wie seine politischen Wirren.

Die Menschen reagierten auf ihre Kriegs- und Nachkriegserfahrung nicht selten mit der Radikalisierung ihrer politischen Einstellung, im Glauben dadurch ihre soziale und wirtschaftliche Lage verbessern zu können. Oder mit einer Betäubungs- und Vergnügungssucht, die im Zuge des wirtschaftlichen Aufschwungs ab 1924 in Deutschland den Mythos der „Goldenen Zwanziger" entstehen ließ. Der wirtschaftliche Aufschwung fand in der Weltwirtschaftskrise 1929 ein jähes Ende, während der kulturelle Aufschwung bis heute auf den Gebieten der Literatur, der Archtitektur, der Kunst, des Films und der Musik nachwirkt.

Richtungsweisend für die damalige kulturelle Blüte war die Freiheit der Kunst, die in Artikel 142 der Weimarer Reichsverfassung verankert worden war. Er bedeutete einen Einschnitt in der Auffassung darüber, dass die Kunst nicht den Staat, sondern der Staat die Kunst fördern sollte.

Es entstanden Werke, die als „zeitlos" bezeichnet werden, es aber nur bedingt sind und sein können, da sie einem gewissen „Zeitgeist" entsprungen sind und darüber hinaus in einem wechselseitigen Verhältnis mit der Zeit ihrer Schöpfung stehen.

Das vorliegende Heft soll dazu anregen, diese Werke der Künstler der 20er Jahre als Quellen für den Geschichtsunterricht zu nutzen, um auf diesem Wege unter anderen die Felder der Sozial- und Mentalitätsgeschichte erschließen zu können. Der Schwerpunkt liegt hierbei auf den literarischen Werken, die durch Werke aus den Gebieten der Kunst, des Films und der Musik erweitert werden.

Literatur

Die Literatur der 20er Jahre weist zahlreiche Facetten auf. Für Ernst Jünger und Erich Maria Remarque stand die Auseinandersetzung mit dem Ersten Weltkrieg im Mittelpunkt ihres Schaffens, wenn auch aus unterschiedlichen Blickrichtungen. Während Ernst Jünger in seiner Kriegsprosa „Der Kampf als inneres Erlebnis" den Krieg als Naturgesetz beschreibt, dem man sich nicht verschließen dürfe, wählt Remarque in seinen Romanen einen desillusionierten Ton. In „Drei Kameraden" beschreibt er als Resultat der Fronterfahrungen ein Lebensgefühl der sozialen Desorientierung. In den Vereinigten Staaten fand diese Lebensauffassung nach dem Ersten Weltkrieg ebenfalls Eingang in die Literatur. F. Scott Fitzgerald definiert in seinem Roman „Diesseits vom Paradies" dieses Lebensgefühl in ähnlicher Weise, wenn es heißt, dass alle Götter tot und alle Kriege ausgefochten seien.

In „Berlin Alexanderplatz" portraitiert Alfred Döblin den Menschen in einer sich immer rasanter verändernden Umwelt in Zeiten eines gesellschaftlichen, technischen und infrastrukturellen Umbruchs, die den Menschen der Großstadt zum Beobachter degradiert. Aus der Sicht des Zynikers wiederum stellt Erich Kästner in seinem Roman „Fabian" die Abhängigkeit des Menschen in Zeiten politischer und wirtschaftlicher Krisensituationen dar, während Franz Jung in seinem Drama „Die Kanaker" die wirtschaftlichen Krisensymptome der Weimarer Republik aus marxistischer Sicht als dem kapitalistischen System immanente Prinzipien deutet und damit der starken kommunistischen Bewegung im Deutschland der Zwanzigerjahre eine literarische Stimme verleiht.

Kurt Tucholskys zeitkritischer Geist wird in seinen Texten „Staatsmorphium" und „Heimat" offenbar. Er kritisiert einerseits den Umgang der Regierung mit den Opfern des Krieges, andererseits bekennt er sich mit einem kollektivierenden „wir" als linksorientierter Intellektueller zur Weimarer Republik und zu einem positiven Verständnis seiner Heimat Deutschland.

Eine weitere Thematik, die literarische Bearbeitung fand, war die der sogenannten „neuen Frau". Seit Beginn der Jahrhundertwende hatte sich allmählich ein neues Frauenbild und Rollenverständnis entwickelt, das politisch auch 1919 im Wahlrecht für Frauen seinen Ausdruck fand. Irmgard Keun verarbeitete diesen Teil des gesellschaftlichen Wandels in ihrem Roman „Das kunstseidene Mädchen". Keun entwirft darin das Bild einer jungen Frau, die vordergründige Selbständigkeit gewinnt, indem sie sich auf temporäre Abhängigkeitsverhältnisse zu wohlhabenden Männern einlässt. Die Grenzen zur Prostitution verschwimmen allmählich.

Der Aufstieg des Nationalsozialismus in den 20er Jahren wird in Lion Feuchtwangers Roman „Erfolg" thematisiert. Im Zentrum steht unter anderem die Wirkung des frühen Adolf Hitlers auf die bayrische Bevölkerung, die Feuchtwanger im Zusammenhang mit dem gescheiterten Putschversuch im November 1923 in seinem Roman beschreibt. Die satirischen Züge des Romans machen deutlich, dass die verhehrende politische Entwicklung auch 1930 für Feuchtwanger noch nicht abzusehen war. Trotz allem stellt der Roman auf der Grundlage des bis zu seiner Veröffentlichung Geschehenen eine erste literarische Analyse der NS-Bewegung und ihres damaligen „Trommlers" dar.

Kunst

Die Kunst der 20er Jahre war von der Konfrontation mit der Wirklichkeit geprägt. Die Künstler beschäftigten sich mit den Krisensituationen und den Auswirkungen auf den Menschen ihrer Zeit und grenzten sich somit deutlich vom wilhelminischen Kunstideal der „Schönheit und Harmonie" ab, das Wilhelm II. in seiner Rede über die „wahre Kunst" 1901 dargelegt hatte.

Otto Dix' Triptychon „Großstadt" führt den Betrachter dahingehend in die Abgründe der damaligen Gesellschaft. Es zeigt Kriegsinvalide des Ersten Weltkrieges und Prostituierte am Rand des Triptychons und somit am Rande der Gesellschaft. Elegant gekleidete Menschen lässt Dix zeitgleich im Zentrum des Gemäldes vergnügt zu neuen Musikformen tanzen und feiern. Zunächst dem Expressionismus verschrieben, wendete sich Dix in den 20er Jahren einer neuen Stilrichtung zu, die später unter dem Namen „Neue Sachlichkeit" Einzug in alle Kunstformen hielt. Sie grenzte sich vom „Rauschhaften" des Expressionismus ab und wendete sich einer neuen Objektivität und Nüchternheit zu. Der Historiker Peter Gay verknüpfte diese Wendung innerhalb der Kultur mit den Jahren der politischen und gesellschaftlichen Konsolidierung der Weimarer Republik.

Die Werke Käthe Kollwitz' konfrontieren den Betrachter ebenfalls mit der Wirklichkeit und sind zum einen wie in ihren Werken „Die Eltern" und „Die Überlebenden" von Trauer und Verzweiflung geprägt. Zum anderen erhebt ihr Werk „Nie wieder Krieg" die Forderung zu einem politischen Programm des Pazifismus und des Aufbruchs. Wie aus einem Steinbruch der Realitäten wirkt John Heartfields Montagekunst, die er für Tucholskys Text- und Bildsammlung „Deutschland, Deutschland über alles" kreiert hat. Er kritisiert die politischen Umstände der 20er Jahre und stellt ihre Machthaber an den Pranger oder mahnt mit einem schlafenden Mann auf dem Reichstag die noch junge Demokratie, achtsam zu bleiben und die Bedrohungen aus den radikalen Lagern nicht zu „verschlafen".

Zählt auch die Architektur zur Kunst? Das 1919 in Weimar gegründete Bauhaus zumindest macht die Grenzen zwischen Kunst, Industriedesign und Architektur fließend. Ausgehend von der Vorstellung, dass der handwerklichen Basis künstlerischen Arbeitens wieder ein stärkeres Gewicht zukommen soll, entsteht eine Ästhetik, die sich ganz aus der Funktionalität des Gegenstandes heraus definiert. „Das Schöne" erscheint nicht mehr als ein Additum, das den Gebrauchsgegenstand veredelt, sondern erwächst geradezu aus der durch die Brauchbarkeit geforderten Form: Schön ist, was funktioniert. Dadurch werden Brücken geschlagen auch zur industriellen Herstellbarkeit von Kunst- und Gebrauchsgegenständen. So erscheinen die Arbeiten des Bauhauses in ihrer Nüchternheit als Wegbereiter modernen Designs – auch und gerade in der Architektur.

Film

Die Filme der 20er Jahre waren von der expressionistischen Malerei der Vorjahre geprägt. In Robert Wienes Film „Das Cabinet des Dr. Caligari" aus dem Jahre 1920 zeigen dies abstrakte Kulissen, die durch die Verzerrung architektonischer Strukturen vielmehr als Bedrohung für den Menschen wahrnehmbar sind, als dass sie ihm ein schützendes Refugium bieten würden. Darüber hinaus werden Schatten so in Szene gesetzt, dass sie zu den eigentlichen Inhaltsträgern werden, während der Mensch selbst in den Hintergrund gerät. Herkömmliche Formen und Muster werden somit zur Darstellung der Wirklichkeit in dieser Zeit des politischen und sozialen Umbruchs von den expressionistischen Filmkünstlern abgelehnt.

Thematisch ist der Nachhall der Stummfilme bis heute zu vernehmen. Dies gilt im Besonderen für Fritz Langs Metropolis, dessen Gesellschaftsstruktur der zwei Klassen aus einer marxistischen Weltanschauung entstanden ist. Die Langsche Dystopie und Kapitalismuskritik findet ihren filmischen Höhepunkt in der Schreckensfantasie des Protagonisten Freder Fredersen. Hier erscheint eine gigantische Maschine einer Fabrik plötzlich als Moloch, welchem Arbeiter als Opfer dargebracht werden, indem man sie in den brennenden Schlund stößt. So „frisst" auch die technische Revolution, ähnlich wie es Kästner im Textauszug aus „Fabian" versinnbildlicht, ihre Kinder.

Musik

Der passende Soundtrack für ein vergnügungswilliges Publikum kam aus den USA. Jazz und Swing und die dazugehörigen Tänze wie Charleston und Foxtrott eroberten in den 20er Jahren Europa. Die Wirkung der neuen Musik und Tanzstile war Hermann Hesse Anlass genug, sie in seinem Roman „Der Steppenwolf" ausführlich darzulegen. Er nennt den Titel „Yearning" der Californiacs aus dem Jahr 1925 und beschreibt einen rauschhaften Zustand im „trunkenen Tanzgewühl".

Die Musik der 20er Jahre verbindet man auch unweigerlich mit dem Tanz der legendären Josephine Baker, die lediglich in Bananenröckchen tanzend Auftrittsverbote in zahlreichen Großstädten Europas erhielt und dadurch nur noch interessanter für ein Publikum voller Sehnsucht nach bizarren Vergnügungen wurde.

Mit Eric Borchard hatte Deutschland bald einen eigenen Vertreter der Jazzmusik. Borchard hatte das Jazzhandwerk in den USA gelernt. Der Klarinettist und Saxophonist gilt bis heute als Pionier dieser neuen Musikrichtung, in deren Stil er bereits 1920 erste Schallplatten aufnahm.

Einen musikalischen „Hit" landete in dieser Zeit der Opernsänger Richard Tauber mit dem Stück „Dein ist mein ganzes Herz", das als das „Tauberlied" bekannt wurde. Das Lied entstammte ursprünglich der Operette „Das Land des Lächelns" aus dem Jahr 1929 und bietet mit seiner sehnsuchtserweckenden Sentimentalität einen Gegenpol zur rasanten Jazzhysterie dieser Zeit.

Didaktische und methodische Überlegungen

Das Konzept des literarischen Werkes als eines „zeitlosen" Kunstwerks, wie es die wissenschaftlichen Debatten bis in die 1960er Jahre geprägt hat, ist in der Literaturwissenschaft längst ad acta gelegt. Es steht außer Frage, dass das literarische Werk ein Kind seiner Zeit ist. Es entwächst den Diskursen seiner Zeit, ist aus dem Geist, aus dem Horizont seiner Entstehungszeit heraus entstanden. Der Autor reagiert auf Fragen und Probleme, die seine Zeitgenossen umtreiben, er durchdenkt diese Probleme, deutet seine Wirklichkeit, vielleicht präsentiert er Lösungsvorschläge – die natürlich ebenso in der eigenen Gegenwart verwurzelt sind und eine zeitbedingte Perspektive übernehmen. Insofern ist der literarische Text eine historische Quelle par excellence.

Allerdings lenkt diese Quelle den Blick eher weg von den „harten Fakten", hin auf die Subjekte, auf die Zeitgenossen und ihren Blick auf ihre Wirklichkeit. Wenn Literatur – unter Umständen, ja in der Regel – gedeutete Wirklichkeit ist, dann gibt sie nicht nur Auskunft über die historische Wirklichkeit, die sie deutet, sondern auch und vor allem über den Umgang des Einzelnen, des Künstlers mit seiner Wirklichkeit. Analoges gilt für die anderen Künste. Selbstverständlich spiegeln etwa die Kunstwerke des Expressionismus die Bedrohungsvorstellungen des Subjekts, ausgelöst durch eine Welt, die ihre Ordnung, ihre Form, ihre Proportionen zu verlieren droht. Die Frage, auf welche Welt die Expressionisten da reagieren, ist genauso interessant wie die Frage, warum sie gerade so auf die sie umgebende Welt reagieren. Das künstlerische Werk zeigt nicht die Wirklichkeit, wie sie eigentlich gewesen ist, sondern die Wirklichkeit, wie sie von den Zeitgenossen wahrgenommen und gedeutet wurde.

Wobei die ironische Anspielung auf einen Historismus rankescher Prägung schon deutlich macht, dass für ein modernes Geschichtsbewusstsein die Diskrepanz zwischen dem Kunstwerk und anderen historischen Quellen gar nicht so groß und grundlegend ist, wie das auf den ersten Blick scheinen mag: Die Standortgebundenheit historischer Quellen wie auch historiographischen Schreibens ist in der modernen Geschichtswissenschaft fast zum Allgemeinplatz geworden – wir sehen Geschichte immer durch die Augen des Verfassers der historischen Quelle oder der historiographischen Darstellung. Was beim Kunstwerk als historischer Quelle ins Auge fällt, gilt grundsätzlich auch für andere Quellen – auch wenn das unseren Schülerinnen und Schülern in der Regel nicht im gleichen Maße bewusst sein dürfte. Insofern bietet die Arbeit mit Kunstwerken als historischen Quellen im Unterricht die willkommene Gelegenheit zu einem metahistorischen Diskurs – gerade in der Oberstufe.

Wenn also die Standortgebundenheit des die Quelle produzierenden Subjekts das Kunstwerk nicht grundsätzlich von anderen Quellen unterscheidet – seine extreme Deutungsoffenheit tut es wohl schon. Die Frage: „Was will uns der Autor damit sagen?", die zu benutzen Deutschlehrerinnen und Deutschlehrern immer wieder nachgesagt wird, hat eigentlich in einem zeitgemäßen Deutschunterricht keinen Platz mehr. Das literarische Kunstwerk ist keine mit Hilfe eines geheimen Codes verschlüsselte Botschaft, die die unzweideutige Aussageabsicht ihres Verfassers dem mitteilt, der des Codes kundig ist. Vielmehr scheint es ein komplexes Gespinst von Zeichen zu sein, die sich auf vielfältige Weise durch den Rezipienten sinnhaft miteinander verknüpfen lassen. Auf diese Weise enthält das literarische Kunstwerk eine Reihe potentieller „Sinne", die dem Autor gar nicht alle klar gewesen sein mögen und die der Rezipient eigentlich weniger rekonstruiert denn konstruiert. Insofern konstituiert sich der Sinn eines Werkes erst im Akt der Rezeption durch den aktiven, engagierten Leser, der, um eine Formulierung Umberto Ecos zu gebrauchen, den Text erst wirklich zu Ende schreibt.

Das vorliegende Material will eine realgeschichtlich orientierte Behandlung der Weimarer Republik im Geschichtsunterricht nicht ersetzen; es kann und soll sie aber sehr wohl ergänzen durch eine mentalitätsgeschichtliche Perspektive: Nachdem beispielsweise die wirtschaftliche Entwicklung der 1920er Jahre zwischen Blüte und Weltwirtschaftskrise auf ihre Ursachen hin analysiert wurde, lohnt es sich, nach der Wahrnehmung und Deutung des Phänomens durch die (intellektuellen) Zeitgenossen zu fragen.

Dabei eignen sich die „Goldenen Zwanziger" ganz besonders für einen solchen mentalitätsgeschichtlichen oder auch einen fächerverbindenden Zugriff, da sie nicht lediglich ein gesellschaftliches, politisches und/oder wirtschaftliches Phänomen waren, das in der Kunst reflektiert, gespiegelt wird. Schon in der Perspektive der Zeitgenossen sind die „Roaring Twenties" von Anfang auch ein kulturelles Phänomen – eine kreative Explosion, die sich im Film, im Jazz und in der Architektur ausdrückt. Maßstäbe werden gesetzt, die bis heute prägend wirken und die nicht nur die „Goldenen Zwanziger" spiegeln, sondern die selbst die „Goldenen Zwanziger" sind und deren Faszination für unsere Schülerinnen und Schüler etwa im forschenden Entdecken der zeitgenössischen Jazzmusik zumindest mittelbar bis heute erfahrbar ist.

In diesem Sinne sei abschließend die Nutzung des vorliegenden Materials im Rahmen eines Projekts oder eines Lernzirkels empfohlen, die den Schülerinnen und Schülern die Begegnung mit dieser kreativen Explosion der Goldenen Zwanziger in all ihren Dimensionen ermöglichen.

M1 Kaiser Wilhelm II.: Die wahre Kunst, 1901

Am 18. Dezember 1901 hält Kaiser Wilhelm II. anlässlich der Einweihung des letzten Denkmals der Berliner Siegesallee eine Rede über die „wahre Kunst". Er geht davon aus, dass die Gesetze der Kunst ewige Gesetze sind und dass sie in der Kunst der Antike vorbildlich umgesetzt wurden. Deshalb fordert er alle Künstler auf, die antike Kunst als Vorbild zu nehmen und sie nachzuahmen. Dann fährt er fort:

Eine Kunst, die sich über die von Mir bezeichneten Gesetze und Schranken hinwegsetzt, ist keine Kunst mehr, sie ist Fabrikarbeit, ist Gewerbe, und das darf die Kunst nie werden. Mit dem viel mißbrauchten Worte „Freiheit" und unter seiner Flagge verfällt man gar oft in Grenzenlosigkeit, Schrankenlosigkeit, Selbstüberhebung. Wer sich aber von dem Gesetz der Schönheit und dem Gefühl für Ästhetik und Harmonie, die jedes Menschen Brust fühlt, ob er sie auch nicht ausdrücken kann, loslöst und in Gedanken in einer besonderen Richtung, einer bestimmten Lösung mehr technischer Aufgaben die Hauptsache erblickt, der versündigt sich an den Urquellen der Kunst.

Aber noch mehr: Die Kunst soll mithelfen, erzieherisch auf das Volk einzuwirken, sie soll auch den unteren Ständen nach harter Mühe und Arbeit die Möglichkeit geben, sich an den Idealen wiederaufzurichten. Uns, dem deutschen Volke, sind die großen Ideale zu dauernden Gütern gewordens, während sie anderen Völkern mehr oder weniger verlorengegangen sind. Es bleibt nur das deutsche Volk übrig, das an erster Stelle berufen ist, diese großen Ideen zu hüten, zu pflegen, fortzusetzen, und zu diesen Idealen gehört, daß wir den arbeitenden, sich abmühenden Klassen die Möglichkeit geben, sich an dem Schönen zu erheben und sich aus ihren sonstigen Gedankenkreisen heraus- und emporzuarbeiten.

Wenn nun die Kunst, wie es jetzt vielfach geschieht, weiter nichts tut, als das Elend noch scheußlicher hinzustellen, wie es schon ist, dann versündigt sie sich damit am deutschen Volke. Die Pflege der Ideale ist zugleich die größte Kulturarbeit, und wenn wir hierin den anderen Völkern ein Muster sein und bleiben wollen, so muß das ganze Volk daran mitarbeiten, und soll die Kultur ihre Aufgabe voll erfüllen, dann muß sie bis in die untersten Schichten des Volkes hindurchgedrungen sein. Das kann sie nur, wenn die Kunst die Hand dazu bietet, wenn *sie erhebt, statt daß sie in den Rinnstein niedersteigt.*

Ich empfinde es als Landesherr manchmal recht bitter, daß die Kunst in ihren Meistern nicht energisch genug gegen solche Richtungen Front macht. Ich verkenne keinen Augenblick, daß mancher strebsame Charakter unter den Anhängern dieser Richtungen ist, der vielleicht von den besten Absichten erfüllt ist, er befindet sich aber doch auf falschem Wege. Der rechte Künstler bedarf keiner Marktschreierei, keiner Presse, keiner Konnexionen. Ich glaube nicht, daß Ihre großen Vorbilder auf dem Gebiete der Wissenschaft weder im alten Griechenland noch in Italien, noch in der Renaissancezeit je zu einer Reklame, wie sie jetzt durch die Presse vielfach geübt wird, gegriffen haben, um ihre Ideen besonders in den Vordergrund zu rücken. Sie haben gewirkt, wie Gott es ihnen eingab, im übrigen haben sie die Leute reden lassen.

Und so muß auch ein ehrlicher, rechter Künstler handeln. Die Kunst, die zur Reklame heruntersteigt, ist keine Kunst mehr, mag sie hundert- und tausendmal gepriesen werden. Ein Gefühl für das, was häßlich oder schön ist, hat jeder Mensch, mag er noch so einfach sein, und dieses Gefühl weiter im Volke zu pflegen, dazu brauche Ich Sie alle, und daß Sie in der Siegesallee ein Stück solcher Arbeit geleistet haben, dafür danke Ich Ihnen ganz besonders.

Wilhelm II.: Die wahre Kunst (18. Dezember 1901). Zit. nach: Johann, Ernst: Reden des Kaisers. Ansprachen, Predigten und Trinksprüche Wilhelms II. München 1996, 99-103

M2 Aus der Verfassung der Weimarer Republik

Artikel 142

(1) Die Kunst, die Wissenschaft und ihre Lehre sind frei. Der Staat gewährt ihnen Schutz und nimmt an ihrer Pflege teil.

1. Arbeite aus M1 die Anforderungen heraus, die Kaiser Wilhelm an die Kunst stellt.
2. Erläutere, welches Verhältnis zwischen Politik und Kunst sich daraus ergibt.
3. Vergleiche Kaiser Wilhelms Konzept mit Artikel 142 der Weimarer Verfassung und erörtere, inwiefern sich das Verhältnis von Politik und Kunst nun verändern könnte.

M3 Ernst Jünger: Der Krieg als inneres Erlebnis, 1922

Ernst Jünger (1895-1998) wurde 1920 durch sein Buch „In Stahlgewittern" berühmt, in dem er seine Erlebnisse als Offizier im Ersten Weltkrieg verarbeitet. Wie auch in seinen anderen Werken aus den 20er Jahren stellt er hier den Krieg in all seiner Grausamkeit dar, wertet ihn aber dennoch positiv als existentielle Grenzsituation, die den Menschen im Dienste einer großen Idee zu außergewöhnlichen Leistungen zwingt, und als Gegenentwurf zu einer als dekadent und sinnlos empfundenen Welt der westlichen Moderne. Jünger vertritt die Ideen einer konservativen Revolution und sympathisiert in der Weimarer Republik mit den Nationalsozialisten, zu denen er in der Folge ein widersprüchliches Verhältnis entwickelt.

Der Krieg ist die mächtigste Begegnung der Völker. Während sich in Handel und Verkehr, bei Wettkämpfen und Kongressen nur die vorgeschobenen Spitzen berühren, kennt im Kriege ihre gesamte Mannschaft nur ein Ziel, den Feind. Welche Fragen und Ideen auch immer die Welt bewegten, stets war es der blutige Austrag, der über sie entschied. Wohl wurden alle Freiheit, alle Größe und alle Kultur in der Idee, im Stillen geboren, doch nur durch Kriege erhalten, verbreitet oder verloren. Durch Krieg erst wurden große Religionen Gut der ganzen Erde, schossen die tüchtigsten Rassen aus dunklen Wurzeln zum Licht, wurden unzählige Sklaven freie Männer. Der Krieg ist ebensowenig eine menschliche Einrichtung wie der Geschlechtstrieb; er ist ein Naturgesetz, deshalb werden wir uns niemals seinem Banne entwinden. Wir dürfen ihn nicht leugnen, sonst wird er uns verschlingen Unsere Zeit zeigt starke pazifistische Tendenz. Diese Strömung springt aus zwei Quellen, dem Idealismus und der Blutscheu. Der eine verneint den Krieg, weil er die Menschen liebt, der andere, weil er sich fürchtet.

Der eine ist vom Schlage der Märtyrer. Er ist ein Soldat der Idee; er hat Mut: daher muß man ihn achten. Ihm gilt die Menschheit mehr als die Nation. Er glaubt, daß die wütenden Völker doch nur der Menschheit blutige Wunden schlagen. Und daß, wenn die Waffen klirren, der Bau des Turmes ruht, den wir bis in den Himmel treiben wollen. Da stemmt er sich zwischen die blutigen Wogen und wird von ihnen zerschmettert.

Dem andern ist seine Person das Heiligste; daher flieht oder scheut er den Kampf. Er ist der Pazifist, der die Boxkämpfe besucht. In tausend schillernde Mäntel – besonders in den des Märtyrers - weiß er seine Schwäche zu kleiden, und mancher davon scheint nur allzu verlockend. Treibt der Geist eines ganzen Volkes solcher Richtung zu, so ist das ein Sturmzeichen des nahen Untergangs. Eine Kultur mag noch so ragend sein – erlischt der männliche Nerv, so ist sie ein Koloß auf tönernen Füßen. Je mächtiger ihr Bau, desto fürchterlicher ihr Sturz.

Jünger, Ernst: Krieg als inneres Erlebnis. Schriften zum Ersten Weltkrieg. Hrsg. von Helmuth Kiesel. Stuttgart 2017, 43 f. Klett-Cotta

M4 Kurt Tucholsky: Deutschland, Deutschland über Alles, 1929

Unter diesem Bilde stand: „Der Verein ‚Marinejugend Vaterland' hat es sich zur Aufgabe gemacht, der deutschen Jugend ohne Ansehen der parteipolitischen und sozialen Unterschiede neben der Schulausbildung eine weitere körperliche und geistige Fortbildung zu geben, um sie für den Lebenskampf zu stählen und um aus der neuen Generation tüchtige, der Volksgemeinschaft dienende Männer zu machen." Das ist auf diesem Bilde alles deutlich zu sehen. Hier haben wir die geistige Fortbildung; die Stählung; die Tüchtigkeit – es ist alles da. Denn wie sollte das deutsche Volk dergleichen wohl anders erreichen als durch Anlegen der Hände an die zu diesem Zweck angebrachte Hosennaht? Was aber tut nun diese neue Generation da oben? Auch das stand unter dem Bilde. Sie rüstet sich zum Abmarsch, um das Observatorium Potsdam zu besichtigen. Und wenn man das vom Mars aus gesehen hat: diese angepreßten Unterarme, diese astronomiedürstigen Augen, den Feldherrn vor der Front ... dann haben die Marsleute sicherlich ihren Erdspezialisten vor das Fernrohr gerufen, und der hat mit vollem Recht sagen können: „Vielleicht gibt es Lebewesen auf der Erde. Aber Menschen – Menschen sind das nicht."

Tucholsky, Kurt: Deutschland, Deutschland über alles. Ein Bilderbuch von Kurt Tucholsky und vielen Fotografen. Montiert von John Heartfield. Berlin 1929, 14

1. Analysiere die Aussagen von Ernst Jünger zum Krieg und zum Pazifismus (M3), insbesondere mit Blick auf deren Ursachen und die Wertung, die Jünger ihnen zuteilwerden lässt.
2. Erkläre, inwiefern das Bild in M4 Ausdruck von Jüngers Haltung gegenüber dem Krieg ist.
3. Erkläre die Kritik an dieser Haltung, die Kurt Tucholsky in M4 formuliert.

M5 Erich Maria Remarque: Drei Kameraden, 1937

Remarques Roman spielt im Berlin der 20er Jahre. Die drei Kameraden, Veteranen des Ersten Weltkriegs, führen gemeinsam eine Autowerkstatt und versuchen nach der Heimkehr aus dem Krieg im Leben wieder Fuß zu fassen.

„1917. Flandern. Middendorf und ich hatten eine Flasche Rotwein gekauft. Damit wollten wir feiern. Aber wir kamen nicht dazu. Frühmorgens fing das schwere Feuer der Engländer an. Köster wurde mittags verwundet. Meyer und Deters fielen nachmittags. Und abends, als wir schon glaubten, Ruhe zu haben, und die Flasche aufmachten, kam Gas und quoll in die Unterstände. Wir hatten zwar rechtzeitig die Masken auf, aber die von Middendorf war kaputt. Als er es merkte, war es zu spät. Bis sie abgerissen und eine neue gefunden war, hatte er schon zu viel Gas geschluckt und brach bereits Blut. Er starb am nächsten Morgen, grün und schwarz im Gesicht. Sein Hals war ganz zerrissen so hatte er mit den Nägeln versucht ihn aufzukratzen, um Luft zu kriegen."

„Ich saß ziemlich lange und dachte an allerlei Dinge. Auch daran, wie wir damals zurückgekommen waren aus dem Kriege, jung, ohne Glauben, wie Bergleute aus einem eingestürzten Schacht. Wir hatten marschieren wollen gegen die Lüge, die Ichsucht, die Gier, die Trägheit des Herzens, die all das verschuldet hatten, was hinter uns lag – wir waren hart gewesen, ohne anderes Vertrauen als das zu dem Kameraden neben uns und das eine andere, das nie getrogen hatte: zu den Dingen – zu Himmel, Tabak, Baum und Brot und Erde –; aber was war daraus geworden? Alles war zusammengebrochen, verfälscht und vergessen. Und wer nicht vergessen konnte, dem blieben nur die Ohnmacht, die Verzweiflung, die Gleichgültigkeit und der Schnaps. Die Zeit der großen Menschen- und Männerträume war vorbei. Die Betriebsamen triumphierten. Die Korruption. Das Elend".

„Dafür gehörst du einem Orden an, Bruder – dem Orden der Erfolglosen, Untüchtigen, mit ihren Wünschen ohne Ziel, ihrer Sehnsucht, die nichts einbringt, ihrer Liebe ohne Zukunft, ihrer Verzweiflung ohne Vernunft [...] Der geheimen Bruderschaft, die lieber verkommt, als das sie Karriere macht, die das Leben lieber verspielt, zerbröckelt, verliert, als dass sie das unerreichbare Bild betriebsam verfälschst oder vergisst – das Bild, Bruder, das sie im Herzen trägt, unverlöschlich eingegraben in den Stunden und Tagen und Nächten, wo es nichts gab als das eine: das nackte Leben und das nackte Sterben".

Remarque, Erich Maria: Drei Kameraden. Mit einem Nachwort von Tilman Westphalen. Köln [9]2010, 56, 335

M6 F. Scott Fitzgerald: Diesseits vom Paradies, 1920

Amory Blaine, Protagonist des Romans, stammt aus einer wohlhabenden Familie des mittleren Westens und ist davon überzeugt, einer glücklichen Zukunft entgegen zu streben. Nach der ersten enttäuschten Liebe bleiben ihm zunächst nur Niedergeschlagenheit, Trauer und Alkohol.

Hier war eine neue Generation, und sie stieß die alten Rufe aus, lernte die alten Überzeugungen, durchträumte lange Tage und Nächte; und war schließlich dazu bestimmt, in diesen schmutzigen grauen Wirbel hinauszugehen, um dem zu folgen, was Liebe oder Stolz ihnen eingaben; eine neue Generation, die sich mehr noch als die letzte der Furcht vor der Armut und der Heiligung des Erfolgs hingab; die aufgewachsen war, um herauszufinden, daß alle Götter tot waren, alle Kriege ausgefochten, alle Überzeugungen im Menschen erschüttert ...

Fitzgerald, F. Scott: Diesseits vom Paradies. Aus dem Amerikanischen von Martina Tichy und Bettina Blumenberg. Zürich 2006, 403

1. Vergleiche die Textauszüge miteinander und gib in eigenen Worten wieder, welches Bild von der Lebenssituation nach dem Ersten Weltkrieg gezeichnet wird.
2. Erläutere, was Remarque mit „Orden" und Fitzgerald mit dem Ausdruck „neue Generation" meint.
3. Recherchiere den Begriff „lost generation" und setze ihn mit den vorliegenden Textstellen in Verbindung.

M7 Der Potsdamer Platz in Berlin, vor 1900

Foto: Rudolf Krüger, Landesarchiv Berlin

M8 Der Potsdamer Platz, 1920er

Foto: Waldemar Titzenthaler, Landesarchiv Berlin

M9 Alfred Döblin: Berlin Alexanderplatz, 1929

Der Rosenthaler Platz unterhält sich

Wechselndes, mehr freundliches Wetter, ein Grad unter Null. Für Deutschland breitet sich ein Tiefdruckgebiet aus, das in seinem ganzen Bereich dem bisherigen Wetter ein Ende bereitet hat. Die geringen vor sich gehenden Druckveränderungen sprechen für eine langsame Ausbreitung des Tiefdrucks nach Süden, so dass das Wetter weiter unter seinem Einfluss bleiben wird. Tagsüber dürfte die Temperatur niedriger liegen als bisher. Wetteraussichten für Berlin und weitere Umgebung.

Die Elektrische Nr. 68 fährt über den Rosenthaler Platz, Wittenau, Nordbahnhof, Heilanstalt, Weddingplatz, Stettiner Bahnhof, Rosenthaler Platz, Alexanderplatz, Straußberger Platz, Bahnhof Frankfurter Allee, Lichtenberg, Irrenanstalt herzberge. Die drei Berliner Verkehrsunternehmen, Straßenbahn, Hoch- und Untergrundbahn, Omnibus, bilden eine Tarifgemeinschaft. Der Fahrschein für Erwachsene kostet 20 Pfennig, der Schülerfahrschein 10 Pfennig. Fahrpreisermäßigung erhalten Kinder bis zum vollendeten 14. Lebensjahr, Lehrlinge und Schüler, unbemittelte Studenten, Kriegsbeschädigte, im Gehen schwer behinderte Personen auf Ausweis der Bezirkswohlfahrtsämter. Unterrichte dich über das Liniennetz. Während der Wintermonate darf die Vordertür nicht zum Eins- und Aussteigen geöffnet werden, 39 Sitzplätze, 5918, wer aussteigen will, melde sich rechtzeitig, die Unterhaltung mit den Fahrgästen ist dem Wagenführer verboten, Auf- und Absteigen während der Fahrt ist mit Lebensgefahr verbunden.

Mitten auf dem Rosenthaler Platz springt ein Mann mit zwei gelben Paketen von der 14 ab, eine leichte Autodroschke rutscht noch gerade an ihm vorbei, der Schupo sieht ihm nach, ein Straßenbahnkontrolleur taucht auf, Schupo und Kontrolleur geben sich die Hand: Der hat aber mal Schwein gehabt mit seine Pakete.

Diverse Fruchtbranntweine zu Engrospreisen, Dr. Bergell, Rechtsanwalt und Notar, Lukutate, das indische Verjüngungsmittel der Elefanten, Fromms Akt, der beste Gummischwamm, wozu braucht man die vielen Gummischwämme.

Vom Platz gehen ab die große Brunnenstraße, die führt nördlich, die AEG. liegt an ihr auf der linken Seite vor dem Humboldthain. Die AEG. ist ein ungeheures Unternehmen, welches nach Telefonbuch von 1928 umfasst: Elektrische Licht- und Kraftanlagen, Zentralverwaltung, NW 40, Friedrich-Karl-Ufer 2-4, Ortsverkehr, Fernverkehr Amt Norden 4488, Direktion, Pförtner, Bank Eklektischer Werte A.G., Abteilung für Beleuchtungskörper, Abteilung Russland, Abteilung Metallwerke Oberspree, Apparatefabriken Treptow, Fabriken Brunnenstraße, Fabriken Hennigsdorf, Fabrik für Isolierstoffe, Fabrik Rheinstraße, Kabelwerk Oberspree, Transformatoren-Fabrik Wilhelminenhofstraße, Rummelsburger Chaussee, Turbinenfabrik NW 87, Huttenstraße 12-16.

Die Invalidenstraße wälzt sich linksherum ab. Es geht nach dem Stettiner Bahnhof, wo die Züge von der Ostsee ankommen: Sie sind ja so berußt – ja hier staubts. Guten Tag, auf Wiedersehn. – Hat der Herr was zu tragen, 50 Pfennig. – Sie haben sich aber gut erholt. – Ach die braune Farbe vergeht bald. Woher die Leute bloß das viele Geld zu verreisen haben. – In einem kleinen Hotel da in einer finstern Straße hat sich gestern früh ein Liebespaar erschossen, ein Kellner aus Dresden und eine verheiratete Frau, die sich aber anders eingeschrieben haben.

Vom Süden kommt die Rosenthaler Straße auf den Platz. Drüben gibt Aschinger den Leuten zu essen und Bier zu trinken, Konzert und Großbäckerei. Fische sind nahrhaft, manche sind froh, wenn sie Fische haben, andere wieder können keine Fische essen, esst Fische, dann bleibt ihr schlank, gesund und frisch. Damenstümpfe, echt Kunstseide, Sie haben hier einen Füllfederhalter mit prima Goldfeder.

in der Elsasser Straße haben sie den ganzen Fahrweg eingezäunt bis auf eine kleine Rinne. Hinter dem Bauzaun pufft eine Lokomobile. Becker-Fiebig, Bauunternehmer A.G., Berlin W 35. Es rumort, Kippwagen liegen bis zur Ecke, wo die Commerz- und Privatbank ist, Depositenkasse L., Aufbewahrung von Wertpapieren, Einzahlung von Banksparkonten. Fünf Männer knien vor der Bank, Arbeiter, schlagen kleine Steine in die Erde.

Döblin, Alfred: Berlin Alexanderplatz. Die Geschichte von Franz Biberkopf. Berlin 1929, 51-52.

M10 Hermann Hesse: Der Steppenwolf, 1927

Da riss es mich in eine laute und aufgeregte Welt. Auf den Straßen jagten Automobile, zum Teil gepanzerte, und machten Jagd auf die Fußgänger, überfuhren sie zu Brei, drückten sie an den Mauern der Häuser zuschanden. Ich begriff sofort: es war der Kampf zwischen Menschen und Maschinen, lang vorbereitet, lang erwartet, lang gefürchtet, nun endlich zum Ausbruch gekommen. Überall lagen Tote und Zerfetzte herum, überall auch zerschmissene, verbogene, halbverbrannte Automobile, über dem wüsten Durcheinander kreisten Flugzeuge, und auch auf sie wurde von vielen Dächern und fenstern aus mit Büchsen und mit Maschinengewehren geschossen. Wilde, prachtvoll aufreizende Plakate an allen Wänden forderten in Riesenbuchstaben, die wie Fackeln brannten, die Nation auf, endlich sich einzusetzen für die Menschen gegen die Maschinen, endlich die fetten, schöngekleideten, duftenden Reichen, die mit Hilfe der Maschinen das fett aus den andern pressten, samt ihren großen, hustenden, böse knurrenden, teuflisch schnurrenden Automobilen totzuschlagen, endlich die Fabriken anzuzünden und die geschändete erde ein wenig auszuräumen und zu entvölkern, damit wieder Gras wachsen, wieder aus der verstaubten Zementwelt etwas wie Wald, Wiese, Heide, Bach und Moor werden könne. Andre Plakate hingegen, wunderbar gemalt, prachtvoll stilisiert, in zarteren, weniger kindlichen Farben, außerordentlich klug und geistvoll abgefasst, warnten im Gegenteil alle Besitzenden und alle Besonnenen beweglich vor dem drohenden Chaos der Anarchie, schilderten wahrhaft ergreifend den Segen der Ordnung, der Arbeit, des Besitzes, der Kultur, des Rechtes und priesen die Maschinen als höchste und letzte Erfindung der Menschen, mit deren Hilfe sie zu Göttern werden würden. Nachdenklich und bewundernd las ich die Plakate, die roten und die grünen, fabelhaft wirkte auf mich ihre flammende Beredsamkeit, ihre zwingende Logik, recht hatten sie, und tief überzeugt stand ich bald vor den einen, bald vor dem andern, immerhin merklich gestört durch die ziemlich saftige Schießerei ringsum. Nun, die Hauptsache war klar: es war Krieg, ein heftiger, rassiger und höchst sympathischer krieg, worin es sich nicht um Kaiser, Republik, Landesgrenzen, um Fahnen und Farben und dergleichen mehr dekorative und theatralische Sachen handelte, um Lumpereien im Grunde, sondern wo ein jeder, dem die Luft zu eng wurde und dem das Leben nicht mehr recht mundete, seinem Verdruss schlagenden Ausdruck verlieh und die allgemeine Zerstörung der blechernen zivilisierten Welt anzubahnen strebte. Ich sah, wie allen die Zerstörungs- und Mordlust so hell und aufrichtig aus den Augen lachte, und in mir selbst blühten diese roten wilden Blumen hoch und feist und lachten nicht minder. Freudig schloss ich mich dem Kampfe an.

Hesse, Hermann: Der Steppenwolf. In: Sämtliche Werke in 20 Bänden, Bd. 4. Frankfurt/M. 2001, 372 f.

1. Informiere dich über die Geschichte Berlins in den Jahren 1871 bis 1930 und arbeite die wesentlichen Fakten der Entwicklung heraus.
2. Vergleiche die Fotos des Potsdamer Platzes von vor 1900 und aus den 20er Jahren und zeige, welche Veränderungen sich in dieser kurzen Zeit vollzogen haben.
3. Erläutere, welches Bild der Stadt in dem Ausschnitt aus Hermann Hesses Roman „Der Steppenwolf" deutlich wird, und vergleiche es mit deinen Ergebnissen aus den Aufgaben 1 und 2.
4. Erläutere, wie Alfred Döblin die Stadt darstellt. Welches Bild der Stadt entsteht? Wie fühlt sich ein Mensch, der der Stadt so gegenübersteht wie der Erzähler im Roman?

M11 Fritz Lang: Metropolis, Stummfilm 1927

Filmbilder

M12 Erich Kästner: Fabian. Die Geschichte eines Moralisten, 1931

Jakob Fabian träumt einen sehr wirren Traum, in welchem er einen alten Erfinder „wiedertrifft“, den er zuvor real auf einer Berliner Parkbank kennengelernt hatte.

„Haben Sie meine Maschine schon gesehen?“ Er nahm Fabian an der Hand und führte ihn durch einen Gang, in dem bläuliches Neonlicht brannte, ins Freie.

Eine Maschine groß wie der Kölner Dom, türmte sich vor ihnen auf. Halbnackte Arbeiter standen davor, mit Schaufeln bewaffnet, und schippten Hunderttausende von kleinen Kindern in einen riesigen Kessel, in dem ein rotes Feuer brannte. „Kommen Sie an das andere Ende“, sagte der Erfinder. Sie fuhren auf laufenden Bändern durch den grauen Hof. „Hier“, sagte der alte Mann und zeigte in die Luft. Fabian blickte empor. Gewaltige glühende Bessemerbirnen* senkten sich nieder, kippten automatisch um und schütteten ihren Inhalt auf einen horizontalen Spiegel. Der Inhalt war lebendig. Männer und Frauen fielen auf das glitzernde Glas, stellten sich gerade und starrten wie gebannt auf ihr handgreifliches und doch unerreichbares Abbild. Manche winkten in die Tiefe hinunter, als kennten sie sich. Einer zog eine Pistole aus der Tasche und schoss. [...]

„Hunderttausend am Tag“, erläuterte der Erfinder. „Dabei habe ich die Arbeitszeit verkürzt und die Fünftagewoche eingeführt.“

„Lauter Verrückte?“ fragte Fabian.

„Das ist eine Frage der Terminologie“, antwortete der Professor. „Einen Moment, die Kuppelung versagt.“

Er trat an die Maschine heran und stocherte mit seinem Schirm in einer Öffnung. Plötzlich verschwand der Schirm, dann verschwand die Pelerine**, sie zog den alten Mann hinter sich her. Er war fort. Seine Maschine hatte ihn verschluckt.

* Die Bessemerbirne ist ein zylinderförmiges feuerfestes Gefäß, mit dem aus Roheisen Stahl erzeugt wird.
** Die Pelerine ist ein Schulterumhang, der einem Cape ähnelt und über dem Mantel getragen wird.

Kästner, Erich: Fabian. Die Geschichte eines Moralisten. München ^{22}2006, 147. © Atrium Verlag AG, Zürich 1936

1. Erläutere, wie in diesem Textauszug das Verhältnis zwischen Mensch und Maschine dargestellt wird, und beziehe auch den Sreenshot aus Fritz Langs „Metropolis“ mit ein.
2. Recherchiere den Begriff „Moloch“ und erkläre damit, welchen Stellenwert Kästner und Lang dem Menschen der Moderne zuweisen.
3. Vergleiche dieses Menschenbild mit der heutigen Rolle des Menschen und nimm kritisch Stellung dazu.

M13 Kurt Tuchholsky: Staatsmorphium, 1925

Neulich mittag saß auf einer deutschen Anklagebank – also einem durchaus reputierlichen Ort – ein Ding, das der ziemlich guten Nachahmung eines Menschen glich. Es war ein ehemaliger Soldat.

Als der Stumpf noch ein Mensch war, hatte er während des Krieges derart schwere Verletzungen erlitten, dass die jahrelangen ununterbrochen anhaltenden Schmerzen nicht anders zu dämpfen waren als mit Morphium. [...] Der Staat hatte für das Bündel Schmerzen kein Geld, aber Morphium in natura. Der Mann bekam also, wie im Gerichtssaal angegeben wurde, „Staatsmorphium". Alle paar Tage ein paar Gramm.

Immer, wenn die Nerven dumpf aufheulen wollten, piekte die kleine Spritze in die schmutzige Haut, und dann legten sie sich wieder zu scheinbarer Ruhe. Wie hinter Watte tat es nur noch weh.

Sie hatten den Stumpf wegen Bettelei angeklagt [...] Der Mensch ging im Dämmerzustand heraus. Er wußte gar nichts von sich. Er lebt ständig im Dusel: voll von Staatsmorphium. Er ist nicht allein, sondern hat Kollegen: 60 Millionen.

Tucholsky, Kurt (als Ignaz Wrobel): Staatsmorphium. In: Weltbühne 17.11.1925, Nr. 46, 775

M14 Otto Dix: Großstadt, Triptychon 1927/28

Otto Dix, Großstadt, 1927/28, Mischtechnik auf Holz, 181 x 402 cm, Kunstmuseum Stuttgart, © VG Bild-Kunst, Bonn 2017

1. Gib den Text Tucholskys in eigenen Worten wieder und erkläre den Begriff „Staatsmorphium".
2. Analysiere das Triptychon „Großstadt" von Otto Dix, indem du möglichen Lebenswegen der dargestellten Personen nachgehst.
3. Vergleiche den Text „Staatsmorphium" mit dem Triptychon „Großstadt" vor dem Hintergrund der sozialen Lage der Menschen nach dem Ersten Weltkrieg.

M15 Kurt Tucholsky: Heimat, mit Montagen von John Heartfield, 1929

Nun haben wir auf 225 Seiten Nein gesagt, Nein aus Mitleid und Nein aus Liebe, Nein aus Haß und Nein aus Leidenschaft – und nun wollen wir auch einmal Ja sagen. Ja –: zu der Landschaft und zu dem Land Deutschland.

Dem Land, in dem wir geboren sind und dessen Sprache wir sprechen. [...]

Aus Scherz hat dieses Buch den Titel *‚Deutschland, Deutschland über alles'* bekommen, jenen törichten Vers eines großmäuligen Gedichts. Nein, Deutschland steht nicht über allem und ist nicht über allem – niemals. Aber *mit* allen soll es sein, unser Land. Und hier stehe das Bekenntnis, in das dieses Buch münden soll:

Ja, wir lieben dieses Land.

Und nun will ich euch mal etwas sagen:

Es ist ja nicht wahr, dass jene, die sich ‚national' nennen und nichts sind als bürgerlich-militaristisch, dieses Land und seine Sprache für sich gepachtet haben. Weder der Regierungsvertreter im Gehrock, noch der Oberstudienrat, noch die Herren und Damen des Stahlhelms allein sind Deutschland. Wir sind auch noch da.

Sie reißen den Mund auf und rufen: „Im Namen Deutschlands ...!" Sie rufen: „Wir lieben dieses Land, nur wir lieben es." Es ist nicht wahr. Im Patriotismus lassen wir uns von jedem übertreffen – wir fühlen international. In der Heimatliebe von niemand – nicht einmal von jenen, auf deren Namen das Land grundbuchlich eingetragen ist. Unser ist es.

Und so widerwärtig mir jene sind, die – umgekehrte Nationalisten – nun überhaupt nichts mehr Gutes an diesem Lande lassen, kein gutes Haar, keinen Wald, keinen Himmel, keine Welle – so scharf verwahren wir uns dagegen, nun etwa ins Vaterländische umzufallen. Wir pfeifen auf die Fahnen – aber wir lieben dieses Land. Und so wie die nationalen Verbände über die Wege trommeln – mit dem gleichen Recht, mit genau demselben Recht nehmen wir, wir, die wir hier geboren sind, wir, die wir besser deutsch schreiben und sprechen als die Mehrzahl der nationalen Esel – mit genau demselben Recht nehmen wir Fluß und Wald in Beschlag, Strand und Haus, Lichtung und Wiese: es ist unser Land. Wir haben das Recht, Deutschland zu hassen – weil wir es lieben. Man hat uns zu berücksichtigen, wenn man von Deutschland spricht, uns: Kommunisten, junge Sozialisten, Pazifisten, Freiheitliebende aller Grade; man hat uns mitzudenken, wenn ‚Deutschland' gedacht wird [...] wie einfach, so zu tun, als bestehe Deutschland nur aus den nationalen Verbänden.

Deutschland ist ein gespaltenes Land. Ein Teil von ihm sind wir.

Und in allen Gegensätzen steht – unerschütterlich, ohne Fahne, ohne Leierkasten, ohne Sentimentalität und ohne gezücktes Schwert – die stille Liebe zu unserer Heimat.

Tucholsky, Kurt: Deutschland, Deutschland über alles. Ein Bilderbuch von Kurt Tucholsky und vielen Fotografen. Montiert von John Heartfield. Berlin 1929, Titelblatt, 138, 226-231

1. Gib den Inhalt des Textes in eigenen Worten wieder.
2. Erläutere die Einstellung Tucholskys zu Deutschland und im Besonderen zu dem Begriff „Heimat".
3. Interpretiere die Fotomontagen John Heartfields, indem Du sie mit Tucholskys Text in Verbindung setzt.

M16 Susanne Herzog: Die „Neue Frau“, 2002

Der industriellen und technologischen Revolution schloss sich zu Beginn des 20. Jahrhunderts eine Umgestaltung der Gesellschaft an. Ausdruck des gesellschaftlichen Modernisierungsprozesses im Kaiserreich war auch ein verändertes Rollenverständnis der Geschlechter. Viele Frauen organisierten sich verstärkt innerhalb der Frauenbewegung für das Erlangen von politischen, sozialen und zivilen Bürgerrechten. Auf kultureller Ebene thematisierte zunächst die Literatur die neue Frauenrolle und ihr Auftreten in der Öffentlichkeit. In Romanen von Schriftstellerinnen der Jahrhundertwende wurde der Typus der „Neuen Frau“ zuerst vorgestellt, die als Protagonistin ihr Leben selbstständig und selbstbewusst in die Hand nahm, um es aktiv zu gestalten. In der traditionsbewussten Gesellschaft des Kaiserreichs waren diese modernen Ideen allerdings nur von einer sehr geringen Zahl von Frauen umsetzbar.

Der Erste Weltkrieg bedeutete für viele Frauen im politischen und sozialen Sinn eine einschneidende Zäsur. Frauen übernahmen neue Aufgaben in der Gesellschaft und in der Arbeitswelt. Bedingt durch die Abwesenheit der Männer an der Front fand zumindest in Großstädten bei einer Vielzahl von Frauen ein grundlegender Wandel der sexuellen Moral statt. Nach dem Ende des Krieges machte die um sich greifende Aufbruchstimmung nicht vor den Türen privater Häuser Halt: Die Zahl der Ehescheidungen nahm 1919 sprunghaft zu. Betroffen davon waren überproportional häufig die übereilt geschlossenen Ehen während des Krieges. Aber auch viele Langverheiratete hatten sich durch das hinziehende Getrenntsein emotional voneinander distanziert.

Nach Kriegsende 1918 und der Rückkehr der Frontsoldaten wurde die Mehrzahl der Frauen aus dem öffentlichen Leben wieder zurückgedrängt. Mit der Einführung des Wahlrechts für Frauen zu Beginn der Weimarer Republik erfüllte sich aber eine von der Frauenbewegung seit langem aufgestellte politische Hauptforderung. Auch im Alltagsbereich boten sich in den 20er Jahren für eine kleine Gruppe von jungen und ungebundenen Frauen neue Möglichkeiten zu bisher unvorstellbaren Lebensplanungen. Veränderte Moralvorstellungen und ein neues weibliches Selbstverständnis boten die Grundlagen für das Erscheinen der sogenannten Neuen Frau im städtischen Alltag.

Eine kleine, elitäre Gruppe der weiblichen Bevölkerung, zumeist um die Jahrhundertwende geborene Akademikerinnen, Journalistinnen, Schriftstellerinnen, Tänzerinnen oder Künstlerinnen, waren die Protagonistinnen der „Neuen Frau“. Vor allem in den Großstädten ansässig, brachen sie mit dem traditionellen weiblichen Lebensstil ihrer Mütter, lebten und wirkten jenseits der konventionellen Auffassung von Ehe und weiblichem Bezugsfeld. Vielmehr wollten sie einen Beruf ausüben und in einer „ebenbürtigen Beziehung“ leben, was aber keinesfalls die Institution der Ehe oder den Wunsch nach Familie ausschloss.

[...]

Häufig übten sie moderne, aus dem angloamerikanischen Raum eingeführte Sportarten wie Tennis oder Golf aus, drangen so auch beim Sport in männliche Domänen ein und entwickelten ein neues Selbstverständnis zu ihrem Körper. Das Image der „Neuen Frau“ wirkte aber auch jenseits der gebildeten Elite. Es waren zumeist die weiblichen Angestellten, die sogenannten Tippmamsells, die den Trendsetterinnen nachzueifern trachteten. Die Werbung, Romane wie „Stud. chem. Helene Wilfüer“ von Vicki Baum und vor allem Zeitschriften wie „Die Dame“ oder „Elegante Welt“ brachten das Bild der „Neuen Frau“ in die Öffentlichkeit. Bubikopf, Zigaretten aufgesteckt im Spitz und knielange Röcke wurden vor allem in den „Goldenen Zwanzigern“ zu den Modeerscheinungen einer neuartigen Massenkultur. Mit Beginn der Weltwirtschaftskrise 1929 und ihrer sozialen Folgen verlor das Image der selbstständigen und unabhängigen „Neuen Frau“ jedoch zunehmend an Glanz. Als kulturelles und konsumorientiertes Phänomen verschwand es ebenso schnell aus dem Alltag, wie es aufkam.

Herzog, Susanne: Neue Frau. In: Lebendiges Museum Online, Deutsches Historisches Museum, https://www.dhm.de/lemo/kapitel/weimarer-republik/alltagsleben/neue-frau.html, 6.9.2002

M17 Bürgerliche Familie, 1908

Foto: unbekannt

M18 Zigarettenwerbung, um 1930

Deutsches Historisches Museum, Berlin, Inv. Nr.: P 2001/184

M19 Irmgard Keun: „Das kunstseidene Mädchen", 1932

Und nu sitz ich hier in einem Kaffee – Tasse Kaffee kann ich mir heute auf eigne Faust leisten. Die Musik spielt, was ich gern höre: Zigeunerbaron oder Aida – kommt ja nicht so drauf an. Neben mir ein Mann mit einem Mädchen. Er ist was Feineres – aber nicht sehr – und sie hat ein Gesicht wie eine Schildkröte und ist nicht mehr ganz jung und hat einen Busen wie ein Schwimmgürtel. Ich höre immer auf das Gespräch – so was interessiert mich immer. Man kann nie wissen, ob man nicht lernt dabei. Natürlich hatte ich den richtigen Blick: eben kennengelernt. Und er bestellt Zigaretten zu acht, wo er sonst bestimmt nur zu vier raucht. Das Schwein. Wenn einer welche zu acht bestellt, weiß man ja Bescheid, was für Absichten er hat. Und wenn einer wirklich solide ist, raucht er zu sechs mit einer Dame, denn das ist anständig und nicht übertrieben, und der Umschwung später ist nicht so krass. Mir hat ein Alter mal welche zu zehn bestellt – was soll ich sagen, der war Sadist, und was er genau gewollt hat, ist mir peinlich niederzuschreiben. Dabei kann ich keinen kleinsten Schmerz vertragen, und schon bei zu engen Strumpfbändern leide ich tiefste Qual. Seitdem bin ich misstrauisch.

Jetzt muss ich mich aber bass wundern: Die Schildkröte isst Camembert. Nun frage ich mich – ist sie so unschuldig oder will sie nicht? Ich bin ein Mensch, der über alles nachdenken muss. Also denke ich: Wenn sie nicht will, dann macht sie sich durch Camembertessen sicher vor sich selbst, indem sie sich Hemmungen macht. Und ich entsinne mich, wie ich mit Arthur Grönland das erstemal ausgehen sollte. Er war bildschön und hatte Kommant. Aber ich sagte mir: Doris, sei stark – gerade so einem mit Kommant imponiert letzten Endes was Solides, und ich brauchte eine Armbanduhr, und besser ist, es wenigsten drei Abende zu nichts kommen zu lassen. Aber ich kenne mich doch und wusste, Arthur Grönland bestellt Kupferberg nass – und dabei noch Musik! Ich also an Büstenhalter und Hemd insgesamt sieben rostige Sicherheitsnadeln gesteckt. Ich war mächtig blau – wie achtzig nackte Wilde – aber die rostigen Sicherheitsnadeln vergaß ich nicht. Und Artur Grönland drängte. Ich nur: „Mein Herr, was denken Sie eigentlich von mir? Ich muss doch sehr bitten. Wofür halten Sie mich in etwa?" Und ich habe ihm mächtig imponiert. Erst war er natürlich wütend, aber dann sagte er mir als edel empfindender Mensch: das gefällt ihm – ein Mädchen, das sich auch im Schwips so fest in der Hand hat. Und er achte meine hohe Moral.

Ich sagte nur ganz schlicht: „Das ist meine Natur, Herr Grönland."

Und vor der Haustür küsste er mir die Hand. Ich sagte nur: „Jetzt weiß ich schon wieder nicht, wie spät es ist – meine Uhr ist schon so lange kaputt." Und dachte, wenn er mir jetzt Geld geben will zum Reparieren, dann habe ich mich wieder einmal schmerzlich getäuscht.

Aber am nächsten Abend in Rix Diele kam er mit einer kleinen Goldenen. Ich staunte furchtbar: „Wie konnten Sie denn nur wissen, dass ich gerade eine Uhr brauche??? – aber Sie beleidigen mich zutiefst – ich kann sie doch nicht annehmen!"

Und er wurde ganz blass, entschuldigte sich und tat die Uhr fort. Ich zitterte schon und dachte: jetzt bist du zu weit gegangen, Doris! Dann sagte ich so mit schwimmender Stimme, so'n bisschen tränenfeucht: „Herr Grönland, ich kann es nicht übers Herz bringen, Sie zu kränken – binden Sie sie mir bitte um."

Daraufhin dankte er mir, und ich sagte: „Oh, bitte." Und dann bedrängte er mich wieder, aber ich blieb stark. Und vor der Haustür sagte er: „Du reines, unschuldiges Geschöpf, verzeihe mir, wenn ich aufdringlich war."

Ich sagte: „Ich verzeihe Ihnen, Herr Grönland."

Aber heimlich hatte ich eine furchtbare Wut auf die Sicherheitsnadeln, denn er hatte süße schwarze Augen und einen tollen Kommant, und die goldene Uhr tickte mir wunderbar am Arm. Aber letzten Endes habe ich viel zu viel Moral, um einen Mann erleben zu lassen, dass ich Wäsche mit sieben rostigen Sicherheitsnadeln trage. Später habe ich sie fortgelassen.

Keun, Irmgard: Das kunstseidene Mädchen. Berlin ^{8}2007, 11-14

1. Arbeite aus M16 die Merkmale der sogenannten „Neuen Frau" heraus.
2. Vergleiche die Frauen auf dem Foto der bürgerlichen Familie um 1900 und in der Zigarettenwerbung um 1930. Erläutere, welche unterschiedlichen Frauenbilder hier zum Ausdruck kommen.
3. Prüfe, inwiefern Doris aus Irmgard Keuns Roman „Das kunstseidene Mädchen" eine „Neue Frau" ist, und diskutiere, wie diese „Neue Frau" in Keuns Roman beurteilt wird.

M20 Lion Feuchtwanger: Erfolg. Drei Jahre Geschichte einer Provinz, 1930

Lion Feuchtwanger thematisiert in seinem Roman „Erfolg" den Aufstieg der nationalsozialistischen Bewegung in Bayern. Im Zentrum steht der Hitler-Ludendorff-Putsch von 1923. Adolf Hitler nennt Feuchtwanger in seinem Werk Rupert Kutzner.

Rupert Kutzner erklärte in seinen Reden die von der Reichsregierung proklamierte Einheitsfront als stinkende Jauche und groben Schwindel. Nur Taten könnten zum Sieg führen. Die Zeit, bis man gegen die Franzosen gehe, müsse man ausnützen gegen den inneren Feind. Sei der erst ausgerottet, werde Deutschland automatisch wieder Weltmacht. Vordringlichste Aufgabe sei die Abrechnung mit den Novemberlumpen. Die müsse vorgenommen werden ohne Sentimentalität, mit unbedingter Wut. Die halben Maßnahmen müßten aufhören. Passiver Widerstand sei Blödsinn. Eine sizilianische Vesper* müsse her. In Trümmern mit den Schwatzbuden der Revolution. Volkstribunale müssten eingesetzt werden, die nur zwei Urteile zu fällen hätten: Freispruch oder Tod. Allgemeine Wehrpflicht sei einzuführen, die Kontrollstäbe der Feinde als Geiseln festzunehmen. [...] Die große vaterländische Erneuerung stehe vor der Tür. Noch vor der Baumblüte würde sie sich entfalten. Das Volk stehe auf, der Sturm breche los. [...]

Dem totenstillen Saal mit schmetternder Stimme verkündete er: „Die nationale Revolution ist ausgebrochen. Der Saal ist von sechshundert Schwerbewaffneten umzingelt. Reichswehr und Landespolizei unter unsern Fahnen sind im Anmarsch. Die bayrische und die Reichsregierung sind abgesetzt. Eine provisorische Reichsregierung unter meiner Leitung wird gebildet. Der Morgen findet entweder eine deutsche nationale Regierung oder mich tot." [...] Ungeheurer Beifall knatterte hoch. Viele hatten Tränen in den Augen. Begeistert schauten sie auf Rupert Kutzner, voll des Gefühls wie in der Oper Lohengrin, wenn auf silbernem Schwan einer hereinzieht, um im letzten Augenblick Erlösung aus allen Nöten zu bringen.

* sinngemäß die Befreiung von Fremdherrschaft; geht auf das Jahr 1282 zurück, Erhebung in Palermo gegen frz. Herrschaft

Feuchtwanger, Lion: Erfolg. Drei Jahre Geschichte einer Provinz. Berlin/Weimar 1989, 616, 720. © Aufbau Verlag GmbH & Co. KG. Berlin 1948, 1989, 2008

M21 August von Heckel: Lohengrin, 1886

M22 Hubert Lanzinger: Der Bannerträger, um 1935

1. Gib die wesentlichen Forderungen Rupert Kutzners in eigenen Worten wieder und gehe dabei auch auf die Wahl seiner Worte ein.
2. Erläutere das Verhältnis zwischen Rupert Kutzner und seinen Zuhörern, indem Du auch auf die dargestellten Bilder eingehst.
3. Bewerte die literarische Darstellung Adolf Hitlers in Feuchtwangers Romanauszügen vor dem Hintergrund der historischen Ereignisse der 20er und 30er Jahre.

M23 Peter Gay: Neue Sachlichkeit, 1968

Der Historiker Peter Gay schrieb 1968 über die Epoche der „Neuen Sachlichkeit", die in allen Formen der Kunst Ende der 20er-Jahre Einzug gehalten hatte:

In der Politik wie in der Kunst schien die Zeit für revolutionäre Experimente vorüber zu sein. [...]

Diese Parallelität von Weimarer Kulturleben und Weimarer Politik ist so offenkundig, dass sie nicht unbemerkt bleiben konnte. Die Kultur stand in einer dauernden intensiven Wechselbeziehung zur Gesellschaft, war Ausdruck und Kritik der politischen Wirklichkeit. [...]

Als Deutschland von 1924 bis 1929 sich einer stabilen Währung erfreute, die politischen Gewalttaten nachließen und sein Ansehen im Ausland wieder zunahm, trat die Kunst in die Periode der „neuen Sachlichkeit" ein – Objektivität, Kühle, Nüchternheit. [...]

Zynismus und Resignation sind die negative Seite der Neuen Sachlichkeit; ihre positive Seite findet Ausdruck in der Begeisterung für die unmittelbare Wirklichkeit als Ergebnis des Verlangens, die Dinge objektiv auf materieller Grundlage hinzunehmen, ohne ihnen alsbald ideelle Bedeutungen beizulegen. [...]

Andere hingegen [...] begrüßten die Desillusionierung, die Bestandteil der Neuen Sachlichkeit war, als eine längst überfällige Korrektur des expressionistischen Rausches. [...]

Was immer der letzte Sinn der Neuen Sachlichkeit sein mochte – und dieser Sinn war bei jedem Künstler ein anderer –, so war sie im Kern eine Suche nach Wirklichkeit, nach einem Standort in der wirklichen Welt; sie war das Ringen um Objektivität [...] und, wenn es denn Idealismus geben mußte, einen nüchternen Idealismus. Es war eine Bewegung zu Einfachheit und Klarheit.

Gay, Peter: Die Republik der Außenseiter. Geist und Kultur in der Weimarer Zeit 1918-1933. Frankfurt/M. 2004, 158ff.

M24 Otto Dix: Soldat mit Tabakspfeife, 1918

M25 Otto Dix: Die Eltern des Künstlers II, 1924

1. Gib die genannten Merkmale der „Neuen Sachlichkeit" in eigenen Worten wieder und benenne mit Hilfe der Bilder Unterschiede zum „Expressionismus".
2. Erläutere auf Grundlage von Aufgabe 1 und unter Zuhilfenahme der politischen Entwicklung jener Jahre die angesprochene „Parallelität von Weimarer Kulturleben und Weimarer Politik".
3. Nimm vor dem Hintergrund einer „Wechselbeziehung" zwischen Kunst und Politik kritisch Stellung zu den Aufgaben und Möglichkeiten von Kunst.

M26 Käthe Kollwitz: Die Eltern, 1921/22

M27 Käthe Kollwitz: Nie wieder Krieg, 1924

M28 Käthe Kollwitz: Die Überlebenden, 1923

1. Vergleiche die Bilder miteinander und erläutere, welche Stimmungen sie vermitteln.
2. Gib einer der dargestellten Personen eine Stimme und verfasse einen inneren Monolog (M26 und M28) oder eine politische Rede (M27).

M29 Walter Gropius: Bauhaus-Manifest, 1919

Architekten, Bildhauer, Maler, wir alle müssen zum Handwerk zurück! Denn es gibt keine „Kunst von Beruf". Es gibt keinen Wesensunterschied zwischen dem Künstler und dem Handwerker. Der Künstler ist eine Steigerung des Handwerkers. Gnade des Himmels läßt in seltenen Lichtmomenten, die jenseits seines Wollens stehen, unbewußt Kunst aus dem Werk seiner Hand erblühen, die Grundlage des Werkmäßigen aber ist unerläßlich für jeden Künstler. Dort ist der Urquell des schöpferischen Gestaltens.

Bilden wir also eine neue Zunft der Handwerker ohne die klassentrennende Anmaßung, die eine hochmütige Mauer zwischen Handwerkern und Künstlern errichten wollte! Wollen, erdenken, erschaffen wir gemeinsam den neuen Bau der Zukunft, der alles in einer Gestalt sein wird: Architektur und Plastik und Malerei, der aus Millionen Händen der Handwerker einst gen Himmel steigen wird als kristallenes Sinnbild eines neuen kommenden Glaubens.

M30 Bauhaus Dessau, erbaut 1926

Foto: Spyrosdrakopoulos, CC BY-SA 4.0

1. Arbeite die wesentlichen Aussagen aus dem „Bauhaus-Manifest" von Walter Gropius heraus und gib sie in eigenen Worten wieder.
2. Zeige am Bauhaus-Gebäude in Dessau, ob und wie die Gedanken von Gropius an diesem Bau umgesetzt sind.
3. Informiere dich über andere Architektur der Zeit (z. B. Jugendstil, Klassizismus) und erläutere, inwiefern dir die Architektur des Bauhauses modern erscheint.

M31 Christoph Schappert, Jürgen Kost: Apokalyptische Alpträume, 2012

Die expressionistische Malerei ist eine Reaktion auf die Krisensymptome der Zeit. Beklemmende Bilder für die Ängste und Unsicherheiten des Zeitalters finden sich schon in den frühen Werken der 1905 in Dresden gegründeten Malervereinigung *Brücke*, der Ernst Ludwig Kirchner, Erich Heckel, Karl Schmidt-Rottluff, Max Pechstein und Emil Nolde angehören.

Der Name der Vereinigung geht auf Karl Schmitt-Rottluff zurück. Er soll vermutlich den Willen der Gruppe zum Aufbruch zu neuen Ufern in der Kunst und zur Überwindung der überkommenen Konventionen widerspiegeln.

Ernst Ludwig Kirchners Ölgemälde *Der rote Turm in Halle* zeigt eine bedrohlich wirkende, von Menschen völlig unbelebte Stadtansicht. Grelle Farbkontraste – schwarz, eisblau, blutrot – verzerrte, spitze Formen und sich im Hintergrund gefährlich auftürmende Wolken. Alles verdichtet sich zu einem düsteren Ort des Schreckens, durch den sich eine Blutspur zu ziehen scheint – ein apokalyptisches Szenario.

Schappert, Christoph/Kost, Jürgen: Deutsche Literatur. Vom Mittelalter bis zur Gegenwart. München 2012, 234 f.

M32 Ernst Ludwig Kirchner: Der rote Turm in Halle, 1915

M33 Robert Wiene: Das Cabinet des Dr. Caligari, 1920

Filmbilder

1. Gib in eigenen Worten wieder, welche Vorstellungen und Ziele die „alptraumartige" expressionistische Malerei verfolgt.
2. Vergleiche das Bild von Ernst Ludwig Kirchner mit den Bildern aus dem expressionistischen Film „Das Cabinet des Dr. Caligari". Achte dabei ebenso auf den Stil wie auf die Wirkung und beziehe deine Ergebnisse aus Aufgabe 1 mit ein.
3. Vergleiche die Bilder mit Bildern aus Filmen, die du üblicherweise siehst, und erkläre Gemeinsamkeiten und Unterschiede.
4. Interpretiere die Filmbilder vor dem Hintergrund der Ereignisse seit 1918.

M34 Hermann Hesse: Der Steppenwolf, 1927

Ein neuer Tanz, ein Foxtrott, eroberte sich in jenem Winter die Welt, mit dem Titel „Yearning". Dieser Yearning wurde einmal ums andere gespielt und immer neu begehrt, alle waren wir von ihm durchtränkt und berauscht, alle summten wir seine Melodie mit. Ich tanzte ununterbrochen, mit jeder Frau, die mir eben in den Weg lief, mit ganz jungen Mädchen, mit blühenden jungen Frauen, mit sommerlich vollreifen, mit wehmütig veblühenden: von allen entzückt, lachend, glücklich, strahlend. Und als Pablo mich so strahlen sah, mich, den er immer als einen sehr beklagenswerten armen Teufel angesehen hatte, da blitzten seine Augen mich glückselig an, er stand begeistert von seinem Orchesterstuhl auf, stieß heftig in sein Horn, stieg auf den Stuhl, stand oben und blies mit vollen Backen und wiegte sich und sein Instrument dazu wild und selig im Takt des Yearning, und ich und meine Tänzerin warfen ihm Kusshände zu und sangen laut mit. Ach, dachte ich zwischenein, mag mit mir geschehen, was da wolle, einmal bin doch auch ich glücklich gewesen, strahlend, meiner selbst entbunden, ein Bruder Pablos, ein Kind.

Das Zeitgefühl war mir verloren gegangen, ich weiß nicht, wieviel Stunden oder Augenblicke dies Rauschglück dauerte. Auch bemerkte ich nicht, dass das Fest, je glühender es wurde, sich auf desto engerem Raum zusammenzog. Die meisten waren schon fortgegangen, in den Korridoren war es still geworden, und viele der Lichter waren erloschen, das Treppenhaus lag ausgestorben, in den oberen Sälen war eine Musikkapelle um die andere verstummt und weggegangen; nur im Hauptsaal und in der Hölle unten tobte noch, beständig an Glut sich steigernd, der bunte Festrausch. [...] Es gab keine Gedanken mehr. Aufgelöst schwamm ich im trunkenen Tanzgewühl, von Düften, Tönen, Seufzern, Worten berührt, von fremden Augen begrüßt, befeuert, von fremden Gesichtern, Lippen, Wangen, Armen, Brüsten, Knien umgeben, von der Musik wie eine Welle im Takt hin und wieder geworfen.

Nun sah ich plötzlich, einen Augenblick halb erwachend, unter den letzten, noch verbliebenen Gästen, die jetzt einen der kleinen Säle überfüllten, den letzten, in dem noch Musik erklang – nun sah ich plötzlich eine schwarze Pirette mit weißgemaltem Gesicht, ein schönes frisches Mädchen, als einzige mit einer Gesichtsmaske bedeckt, eine entzückende Figur, die ich in dieser ganzen Nacht noch nie gesehen hatte [...] Es zog mich zu ihr, ich umfaßte sie, zog sie in den Tanz, duftend kitzelte ihre Krause mein Kinn, streifte ihr Haar meine Wange, zarter und inniger als jede andre Tänzerin dieser Nacht kam ihr straffer junger Leib meinen Bewegungen entgegen, wich ihnen aus, zwang und lockte sie spielend zu immer neuen Berührungen. [...] Glühend trafen unsre Lippen zusammen, einen Augenblick schmiegte ihr ganzer Leib, bis hinab zu den Knien, sich verlangend und hingegeben an mich an, dann entzog sie mir ihren Mund und tanzte zurückhaltend und fliehend. Als die Musik abbrach, blieben wir umschlungen stehen, alle die entzündeten Paare rings um uns klatschten, stampften, schrien, peitschten die erschöpfte Kapelle zur Wiederholung des Yearning auf. Und nun fühlten wir alle plötzlich den Morgen, sahen das fahle Licht hinter den Vorhängen, spürten das nahe Ende der Lust, ahnten die kommende Müdigkeit und stürzten uns blind, auflachend und verzweifelt nochmals in den Tanz, in die Musik, in die Lichtflut, schritten tobend im Takt, Paar an Paar gepresst, fühlten noch einmal selig die große Woge über uns zusammenschlagen. In diesem Tanz ließ Hermine ihre Überlegenheit, ihren Spott, ihre Kühle fahren – sie wußte, daß sie nichts mehr zu tun brauche, um mich verliebt zu machen. Ich gehörte ihr. Und sie gab sich hin, im Tanz, im Blick, im Kuß, im Lächeln. Alle Frauen dieser fiebernden Nacht, alle, mit denen ich getanzt, alle, die ich entzündet, alle, die mich entzündet hatten, alle, um die ich geworben, alle, an die ich mich verlangend geschmiegt, alle, denen ich mit Liebenssehnsucht nachgeblickt hatte, waren zusammengeschmolzen und eine einzige geworden, die in meinen Armen blühte.

Hesse, Hermann: Der Steppenwolf. In: Gesammelte Werke in zwölf Bänden. Frankfurt/M. 1970, 361-363

1. Suche im Internet nach Informationen über Eric Borchard und Josephine Baker und auf Youtube nach Musik von beiden aus den 1920er Jahren.
2. Arbeite heraus, wie Hermann Hesse in seinem Roman „Der Steppenwolf" diese Musik und ihre Wirkung darstellt.
3. Suche auf Youtube die Aufnahme „Dein ist mein ganzes Herz" von Richard Tauber, einen „Hit" aus dem Jahr 1929. Vergleiche ihn mit den Jazztiteln aus Aufgabe 1 und erläutere, wie der Jazz bei den Zeitgenossen die Wirkung hervorrufen konnte, die Hesse beschreibt.

M35 Franz Jung: „Die Kanaker", 1921

In einer Fabrik ist es zu einem Arbeitsunfall gekommen, bei dem eine Frau verletzt wurde. Die Arbeiterinnen und Arbeiter diskutieren nun über diesen Vorfall.

[...]

Zweiter Arbeiter: Das ist überhaupt keine Weiberarbeit.

Dritte Frau: Ich glaube, der möchte uns am liebste auch hier rausbeißen, damit wir ganz auf der Straße liegen.

Zweiter Arbeiter *brummend:* Für uns ist auch bald keine Arbeit mehr.

Dritter Arbeiter: Das stimmt. Das reinste Gnadenbrot, das wir noch fressen. Bloß damit wir schön stille halten.

Dritte Frau: Aber's Maul habt ihr immer noch voll.

Erster Arbeiter: Das ist der richtige Ort zum Streiten. Schämt euch was.

Zweiter Arbeiter: Tragt sie rüber ins Verwaltungsgebäude.

Der Betriebsleiter erscheint.

Betriebsleiter *schreit:* Was, ihr seid wohl verrückt! Schafft sie hin, wo sie hingehört.

Die Arbeiter murmeln drohend.

Dritte Frau *schreit:* Das hat man, wenn man seine elenden Knochen hier zu Markte trägt.

[...]

Wir haben ja kein zu Hause mehr, oder meinen Sie das finstere und feuchte Loch, das wir in den Baracken gnädigst eingeräumt bekommen.

Betriebsleiter *kühl:* Halten Sie uns nicht auf.

Dritter Arbeiter: Das ist unerhört, diese Behandlung können wir uns nicht gefallen lassen. Kollegen, wir rufen sofort den Betriebsrat zusammen.

Betriebsleiter: Macht, was ihr wollt. Wem's nicht paßt, kann gehen.

Erster Arbeiter: Das haben wir auch noch ein Wort mitzureden.

Inzwischen ist die Verwundete aufgehoben, der Zug setzt sich in Bewegung.

Betriebsleiter: Gewiß, aber aus euren Gesetzen machen wir uns nicht mehr viel. Dann wird die Bude eben geschlossen. Macht nur so weiter.

[...]

Der Direktor erscheint und spricht mit dem Betriebsleiter, dessen Verhalten er kritisiert.

Direktor *lacht:* Allerdings man rennt nicht mit dem Kopf durch die Wand. – – Was wollen Sie, Sie pfuschen uns hier im Betrieb rum und wollen weiß Gott was alles einführen und verbessern, wie Sie das nennen. Ich sage Ihnen, und mögen Sie erstaunt sein, soviel Sie wollen – – wir haben andere Interessen, tiefergehendere, weitverzweigtere, weltwirtschaftliche – – jawohl, lernen Sie das begreifen, junger Mann. Sie könnten mein Sohn sein, Gott ja. Wir haben an diesem Betrieb kein Interesse. Das Gegenteil ist der Fall.

Betriebsleiter *erstaunt:* Das hätten Sie mir sagen sollen.

Direktor: Das ist Sache Ihres Taktes. Sie wollen doch Kaufmann werden, sich einspannen in die Maschine, die Geld macht. Nun also, das muß man allmählich in die Fingerspitzen bekommen. Ihre Vorschläge kosten Geld. Wir haben dafür nichts übrig.

Betriebsleiter: Warum legen Sie die Bude nicht still. Ich habe schon oft nachgerechnet. Sie kann doch so nichts einbringen.

Direktor: Damit uns die Regierung hineinsieht, mit diesen Rechtsanwälten, die die Arbeiter aufhetzen. Nee, mein Lieber, da müssen Sie noch viel lernen.

Jung, Franz: Die Kanaker. Schauspiel. In: ders.: Wie lange noch? Theaterstücke. Hg. von Wolfgang Storch. Bd. 7: Werke in Einzelausgaben. Hamburg 1989, 142-146

1. Franz Jung kritisiert in diesem Auszug auf vielfältige Weise die Missstände in Gesellschaft, Politik und Arbeitswelt der frühen Zwanzigerjahre. Arbeiten Sie diese verschiedenen Kritikpunkte heraus.
2. Informieren Sie sich über den Autor Franz Jung, seine politische Position und die wirtschaftliche Situation in den frühen Zwanzigerjahren. Nehmen Sie vor diesem Hintergrund kritisch Stellung zur Darstellung Franz Jungs in diesem Dramenausschnitt.

Literatur und Quellen

Literatur

Büttner, Ursula: Weimar. Die Überforderte Republik. Stuttgart 2008

Gay, Peter: Die Republik der Außenseiter. Geist und Kultur in der Weimarer Zeit 1918-1933. Frankfurt/M. 2004

Gessner, Dieter: Die Weimarer Republik, Darmstadt ³2009

Hoeres, Peter: Die Kultur von Weimar. Durchbruch der Moderne. Berlin 2008

Kolb, Eberhard: Deutschland 1918-1933: Eine Geschichte der Weimarer Republik. München 2010

Möllenberg, Melanie: Eine ausweglose Krise? Gesellschafts- und Zeitkritik in Erich Kästners Roman „Fabian". In: Erich Kästner-Jahrbuch 5 (2008). S. 103-133

Nieß, Otmar: Währungs- und Wirtschaftskrisen der Weimarer Republik. Differenzierende Gruppenarbeit zu den Themen 1923 und 1929, Schwalbach/Ts. 2013

Schütz, Erhard: Romane der Weimarer Republik, München 1986

Stolle, Peter: Das Hitlerbild in den Romanen Lion Feuchtwangers, München 2004

Trützschler, Jan: Die Weimarer Republik, Schwalbach/Ts. ²2016

Quaresima, Leonardo: Der Expressionismus als Filmgattung. in: Uli Jung, Walter Schatzberg (Hrsg.): Filmkultur zur Zeit der Weimarer Republik. München u. a. 1992, S. 174-195

Quellen

Döblin, Alfred: Berlin Alexanderplatz. Die Geschichte von Franz Biberkopf. Berlin 1929

Feuchtwanger, Lion: Erfolg. Drei Jahre Geschichte einer Provinz. Berlin/Weimar 1989

Fitzgerald, F. Scott: Diesseits vom Paradies. Aus dem Amerikanischen von Martina Tichy und Bettina Blumenberg. Zürich 2006

Gay, Peter: Die Republik der Außenseiter. Geist und Kultur in der Weimarer Zeit 1918-1933. Frankfurt/M. 2004

Gropius, Walter: Bauhaus-Manifest, 1919

Herzog, Susanne: Neue Frau. In: Lebendiges Museum Online, Deutsches Historisches Museum, https://www.dhm.de/lemo/kapitel/weimarer-republik/alltagsleben/neue-frau.html, 6.9.2002

Hesse, Hermann: Der Steppenwolf. In: Sämtliche Werke in 20 Bänden, Bd. 4. Frankfurt/M. 2001

Jung, Franz: Die Kanaker. Schauspiel. In: ders.: Wie lange noch? Theaterstücke. Hrsg. v. Wolfgang Storch. Hamburg 1989 [= Werke in Einzelausgaben Bd. 7], 133-192

Jünger, Ernst: Krieg als inneres Erlebnis. Schriften zum Ersten Weltkrieg. Hrsg. von Helmuth Kiesel. Stuttgart 2017

Kästner, Erich: Fabian. Die Geschichte eines Moralisten, München ²²2006

Keun, Irmgard: Das kunstseidene Mädchen. Berlin ⁸2007

Remarque, Erich Maria: Drei Kameraden. Mit einem Nachwort von Tilman Westphalen. Köln ⁹2010

Schappert, Christoph/Kost, Jürgen: Deutsche Literatur. Vom Mittelalter bis zur Gegenwart. München 2012

Tucholsky, Kurt (als Ignaz Wrobel): Staatsmorphium. In: Weltbühne 17.11.1925, Nr. 46, 775

Tucholsky, Kurt: Deutschland, Deutschland über alles. Ein Bilderbuch von Kurt Tucholsky und vielen Fotografen. Montiert von John Heartfield. Berlin 1929, 14

Wilhelm II.: Die wahre Kunst (18. Dezember 1901). Zit. nach: Johann, Ernst: Reden des Kaisers. Ansprachen, Predigten und Trinksprüche Wilhelms II. München 1996, 99-103